AF316531

Émile GUILLAIN

AVOCAT A LA COUR D'APPEL DE PARIS

NOTICE

Lue le 19 décembre 1881, à l'Assemblée générale de l'Association amicale des Secrétaires et anciens Secrétaires de la Conférence des Avocats,

PAR

M. ALBERT LOUSTAUNAU,

AVOCAT A LA COUR D'APPEL DE PARIS

PARIS

ALCAN LÉVY, IMPRIMEUR DE L'ORDRE DES AVOCATS

61, rue de Lafayette.

—

1882

Émile GUILLAIN

Emile Guillain est mort trop jeune pour que le Barreau garde longtemps son souvenir, assez vieux pour que ses amis ne l'oublient jamais. Né le 9 février 1854, il est décédé le 22 mai 1881, à peine âgé de 27 ans.

Docteur en droit, Emile Guillain prêta serment devant la Cour d'appel de Paris en 1875. Il entrait au palais sous d'excellents auspices. Son nom allait rajeunir toutes les vieilles sympathies qu'il avait héritées de son père, ancien avoué à la Cour, emporté par une mort récente.

La Conférence l'attira d'abord, lice toujours ouverte, où le jeune avocat fraîchement armé chevalier, vient rompre sa première lance et ramasser sa première couronne. Il s'y jeta hardiment, et bientôt le Conseil de l'Ordre, sur la proposition du Bâtonnier, le proclamait quatrième secrétaire.

Secrétaire de la Conférence ! Quels rêves ambitieux ce

titre fait éclore !... Avocats stagiaires, nous avions le droit, nous n'avions pas le courage de plaider. La barre était un fer rouge où nous craignions de nous brûler les doigts ; lauréats de la Conférence, au contraire, nous nous sentons plus forts, sinon invincibles. L'attitude résignée du tribunal nous trouble moins que le regard bienveillant du Bâtonnier, que l'œil sévère de ses douze assesseurs, que le sourire un peu moqueur de l'auditoire, que cette troupe de chasseurs à l'affût qui ne manquaient jamais de saisir au passage l'erreur de droit et la phrase incorrecte. Hier nous étions de timides conscrits, aujourd'hui nous sommes de vieux soldats marchant au feu le képi sur l'oreille et le lazzi à la bouche ; et si nous tremblons encore en lisant nos conclusions, ce n'est plus de la peur qui paralyse, mais de cette émotion qui soutient et excite. Qu'ils dédaignent la Conférence ceux qui, sûrs de leur génie précoce, ignorent les alarmes de la première plaidoirie ; mais gardons-lui une profonde reconnaissance nous qui, en franchissant le seuil du palais, avons aperçu tous les pièges dont il est semé.

Ces rêves de gloire, Emile Guillain les a un instant caressés. Les dossiers arrivaient, au petit pas, allure ordinaire des premiers dossiers ; mais un des chefs du jeune barreau, Horace Helbronner, l'avait choisi pour lieutenant, et cet honneur calmait son impatience.

Jamais collaborateurs ne furent mieux assortis. Tous deux, sous le flegme britannique, cachaient une âme pleine de feu. Artistes tous deux, ils ne sacrifiaient jamais la pensée aux coquetteries de la parole. Ils prenaient leur revanche, il est vrai, dans l'abandon du cabinet où l'amitié les a parfois surpris ravivant la querelle mal éteinte de Trissotin et Vádius ou laissant s'envoler les grandes plaintes amoureuses de la « Nuit d'octobre. »

Hélas ! Emile Guillain devait passer devant le bonheur sans s'y reposer. Entraîné par la pâle phtisie, triste et douce fiancée qui vous prend au berceau, il se hâtait vers la tombe où trois êtres adorés, son père, sa mère, son jeune frère étaient successivement descendus. Et l'hiver commençait à sévir, d'une cruauté peu commune. Ses amis lui conseillaient de quitter Paris, d'aller chercher sur les rives ensoleillées de la Méditerranée la chaleur et la vie ; mais Helbronner est gravement malade dont il faut défendre le cabinet menacé, et rien ne peut l'arracher de ce poste d'honneur où la mort va le frapper, seule récompense entrevue d'un dévouement infatigable.

Je le vois encore, ce pauvre ami, suivant le char funèbre qui emporte le corps de son infortuné patron. Sous des cheveux noirs, taillés en brosse, le front haut et large a les reflets jaunâtres de la cire. Les yeux bruns, rougis par les larmes, étincellent au fond des orbites plus creuses. Les joues sont blanches et caves, les pommettes rouges et saillantes, les narines pincées, la bouche plus fendue, les lèvres amincies, le menton allongé ; c'est un moribond se traînant derrière un cadavre, et la toge tombant à larges plis de ses épaules déprimées l'enveloppe déjà comme un drap mortuaire.

Helbronner au tombeau, Emile Guillain donna sans tarder sa démission d'avocat. Retiré dans son appartement de garçon, il attend la mort avec la résignation d'un stoïcien. Quand la fièvre n'égare pas sa pensée, quand la toux ne secoue pas trop violemment sa main tremblante, il ressaisit sa plume

encore humide de la dernière note de plaidoirie, et, avocat
réduit au silence, il écrit un intéressant « Essai sur la Voix
et la Diction au Barreau ». Occupation pleine de charme et de
tristesse ! Jouissance pleine de regrets ! Parfois, épuisé d'émo-
tions, il lui faut quitter la table de travail. La musique alors
vient assoupir sa douleur, et, pianiste passionné, il s'entre-
tient avec Mozart et Beethoven ou demande à Weber
de lui inspirer à son tour une « Dernière pensée ».

Il ne sortait presque plus, craignant de surprendre un regard de pitié, cruel adieu, lugubre comme le salut donné à
l'enterrement qui passe ; mais, le dimanche, les habitués des
concerts classiques l'apercevaient encore, attentif, suivant sur
la partition d'orchestre le dialogue précieux d'un menuet
ou les sanglots enflammés d'un andante, et puis, grisé d'har-
monie, rêvant aux régions inconnues vers lesquelles son âme
impatiente s'élancera bientôt d'un grand coup d'aile.

L'agonie fut longue et douloureuse. Plus un proche parent
pour lui fermer les yeux ; mais au pied de son lit veillaient
deux jeunes gens, ses vieux amis d'enfance, qui depuis dix
années avaient recueilli pieusement, comme des urnes ciné-
raires, les restes de toutes ses affections brisées.

Ancien élève du collège Stanislas, établissement ecclé-
siastique, Emile Guillain a cependant banni la religion de
ses funérailles. On pourrait en conclure qu'il professait les
doctrines peu consolantes de l'athéisme. Rectifions cette erreur ; elle effacerait l'un des traits originaux d'une figure
charmante où la raison et le sentiment régnaient en alliés fi-
dèles, toujours respectueux de leurs droits. « Je veux, disait
« une lettre posthume laissée à ses exécuteurs testamentaires,

« je veux un enterrement civil et de la dernière classe : pu-
« rement civil, car je crois en Dieu et j'espère pour mon âme
« une vie nouvelle; mais je considère les cultes extérieurs
« comme des inventions humaines dont plusieurs sont deve-
» nues plus dangereuses qu'utiles ; de la dernière classe, car
« l'inégalité devant la mort et l'étalage du luxe autour d'un
« cadavre me révoltent... La somme qu'eût coûté un enter-
« rement conforme aux usages du monde, et que je fixe à
« 5,000 fr., sera remise par mes héritiers à l'Assistance pu-
« blique. »

Après la lecture de cette profession de foi, si simple et si
forte, nous pouvons, suivant nos convictions personnelles, ac-
cueillir ou repousser l'opinion philosophique d'Emile Guillain,
mais tous, nous devons respecter et chérir sa mémoire.

Albert LOUSTAUNAU